DE L'AVENIR

DE LA FRANCE

PAR

M. Charles MULLER.

Prix : 1 franc.

A PARIS

CHEZ DENTU, LIBRAIRE, PALAIS-ROYAL,

GALERIE D'ORLÉANS, 15.

—

1844

DE

L'AVENIR DE LA FRANCE.

§ Ier.

La France est divisée en trois grands partis : les hommes de la droite, les dynastiques et les républicains. C'est entre ces trois partis que s'agite la question de l'avenir.

On a dit que le premier représentait les anciens privilégiés, le second la bourgeoisie, le troisième le peuple. Rien n'est plus faux que cette définition. Il n'y a plus de vieille aristocratie, les deux cent mille censitaires que favorise le système actuel ne forment pas la bourgeoisie, et la majorité du peuple est loin de professer les opinions radicales. M. le comte de Ludre, M. le prince de Cl***, M. le vicomte de Cormenin et M. l'abbé de Lamennais sont républicains ; MM. Béchard et Berryer comptent parmi les royalistes, et il y a chez les conservateurs des Montmorency et des Rohan. Vous trouverez des milliers de légitimistes sous le chaume, des adhérents de la nouvelle dynastie dans les régions les plus élevées de l'antique illustration nobiliaire, et des partisans de la république dans maint hôtel où trônent la haute finance et l'aristocratie moderne.

Ce n'est pas une question d'intérêts qui sépare les partis; c'est une question de principes. A part quelques ambitions individuelles, les spéculations de quelques coteries, les partis puisent tous le motif de leur existence dans un sentiment national, dans une pensée de bien public. Celui-ci regarde la royauté légitime comme la base nécessaire, l'élément indispensable de la prospérité de la France; celui-là croit notre bonheur lié à la stabilité du gouvernement de juillet; cet autre le voit dans le triomphe de la constitution républicaine.

N'attribuons pas à des opinions qui ne sont point les nôtres des sentiments indignes de la générosité du caractère français. Il n'est pas une seule des trois grandes opinions dont nous parlons ici qui ne possède dans ses rangs des hommes que notre patrie commune s'énorgueillit à juste titre d'avoir vu naître dans son sein, et des milliers de citoyens obscurs, pleins de désintéressement et animés du dévouement le plus pur pour la cause nationale.

Que les partis subissent l'influence des passions qu'engendrent leurs discussions, leurs luttes et leurs oppositions journalières, cela est naturel. Qu'il y ait dans chaque parti des hommes avides du pouvoir, qui ne songent qu'à exploiter une position, qui sacrifient l'intérêt général à des intérêts particuliers, cela est encore vrai, malheureusement. Mais ne confondons pas les partis avec ceux qui souvent leur servent d'organes ou les dirigent. Ne jetons pas la responsabilité des calculs égoïstes de quelques hommes et de quelques coteries sur les masses dont ceux-ci portent le drapeau.

En comptant les forces matérielles de chacun des trois partis qui divisent aujourd'hui la France, il serait difficile de dire auquel resterait le dernier mot dans une révolution nouvelle, ou plutôt on peut dire que le dernier mot ne resterait à aucun. Nous aurions la triste continuation de l'état de division, d'incertitude, de changements successifs que nous donnons en spectacle au monde depuis un demi-siècle. Le triomphe d'un parti par la violence ne saurait avoir de durée dans ce pays. Notre histoire, depuis cinquante ans, offre assez d'exemples qui le prouvent. Les pouvoirs fondés par la guerre civile sont des édifices bâtis sur un volcan; la raison générale, le travail régulier des intelligences, la libre volonté des peuples peuvent seuls fonder sur un terrain solide.

Aussi les hommes sensés de toutes les opinions sont d'accord pour repousser l'idée de courir les chances d'une nouvelle révolution. Ils paraissent tous résignés à attendre une solution pacifique de la situation actuelle. Quelle sera cette solution? L'avenir appartient-il aux principes de la droite, aux faits dynastiques ou aux idées républicaines? Examinons rapidement quelle est la position des trois partis.

§ II.

La France aspire après un gouvernement qui réalise la conciliation de l'ordre et de la liberté. Ces deux principes sont étroitement liés l'un à l'autre : on ne peut les séparer sans les renverser tous les deux. Le principe d'ordre a été sacrifié à la liberté sous la République, et nous avons eu le despotisme sanguinaire de la Terreur et du Directoire. La liberté a été sacrifiée au principe d'ordre sous la Restauration, et nous avons eu le triomphe de l'émeute pendant les Trois-Jours. On a cru trouver la conciliation des deux principes dans le système qui a triomphé en 1830. On s'est trompé : nous marchons au despotisme par les bastilles et à l'anarchie par une banqueroute.

Tout est artificiel dans l'existence du système doctrinaire. Il s'appuie sur une souveraineté nationale qui n'est qu'une fiction ; car cette souveraineté est fondée sur le monopole de deux cent mille censitaires dans un pays qui compte dix millions de contribuables. Il s'appuie sur une majorité parlementaire qui n'est qu'une fiction ; car cette majorité repose sur le vote de 180 fonctionnaires publics et de députés gagnés au moyens de faveurs personnelles. Il s'appuie sur une paix intérieure qui n'est qu'une fiction ; car sous cette paix se cachent le mécontentement profond des classes pauvres,

les misères de l'industrie, le gaspillage de la fortune publique,
la ruine prochaine de nos finances, et cette paix n'est, en un
mot, que l'ordre du désordre. Il s'appuie enfin sur un *statu
quo* européen qui est encore un mensonge, une déception ;
car ce *statu quo* ne se maintient que par le sacrifice de notre influence extérieure, de notre dignité nationale, de nos
intérêts sur l'Océan et sur le continent, et il est rompu le
jour où la France veut faire un mouvement pour se défendre
contre les prétentions envahissantes de l'Angleterre et res-
saisir dans le monde la position qu'elle a si malheureusement perdue.

Le système vit ainsi au jour le jour, obviant tant bien
que mal aux embarras de sa situation, ajournant les grandes
affaires, amassant les difficultés devant lui et tremblant,
non sans cause, devant la sombre perspective d'une régence.

C'est presque un prodige qu'il a fait, de traverser les quatorze années qui nous séparent de 1830 ! Que de crises ministérielles, parlementaires, européennes, qui n'ont été
évitées ou surmontées qu'à force de ruses, de détours, d'ex-
pédients de toute espèce ! Que de fois n'avons-nous pas vu
le moment où, malgré toutes les ressources dont disposait
le pouvoir, ses efforts allaient se briser contre l'écueil ! Pour
lutter contre les obstacles, pour tenir tête aux périls de sa
position, le gouvernement avait : 1° l'expérience et l'habileté
d'un prince doué d'un esprit actif et pénétrant, possédant
à un haut degré la connnaissance des hommes et la pratique des affaires ; 2° un budget complaisant ; 3° l'appui de la
garde nationale ; 4° des ministres dont la popularité n'était
pas encore usée. Eh bien ! la régence est menacée de se trou-

ver dans une situation bien plus fausse, bien plus embarrassée, bien plus difficile encore, et tous ces avantages lui manqueront.

Sans faire injure au duc de Nemours, on peut dire qu'il n'a ni l'expérience, ni l'habileté, ni aucune des qualités supérieures de son père ; sans faire profession de pessimisme, on peut dire que nos finances sont dans un déplorable état et que le jour n'est pas éloigné où les moyens de corruption feront défaut au pouvoir ; sans risquer un démenti, on peut dire que la garde nationale est froide, plus que froide ; enfin, sans nuire à nos ministres actuels comme à leurs prédécesseurs, on peut dire que leur popularité est à peu près équivalente à zéro. Dans de pareilles conditions, l'éventualité d'une régence devient donc très-peu rassurante, et les inquiétudes qu'elle inspire aux partisans du régime actuel ne sont que trop justifiées. Il est vrai qu'on a élevé autour de Paris une ceinture de forteresses. Mais des forteresses ne se défendent qu'avec des soldats, et l'armée, assure-t-on, n'est guère doctrinaire. D'ailleurs, l'histoire de l'Espagne est là pour prouver que les bastilles de Barcelonne n'ont pas empêché le régent de faire un tour d'exil chez ses bons amis les Anglais.

Des modifications ministérielles peuvent-elles arrêter le pouvoir sur la pente fatale où il est entraîné ? Nous n'hésitons pas à répondre que non.

C'est en vain que les organes de l'opposition dynastique répètent chaque matin et sur tous les tons : l'avénement de M. Odilon-Barrot au ministère sera le salut du gouvernement de juillet. Dussent-ils réussir à faire partager leurs espérances au pays, l'illusion ne tarderait pas à tomber devant la sèche et impitoyable réalité.

La gauche dynastique a été aux affaires après la révolution de 1830. Elle n'a pas pu s'y maintenir ; elle n'a eu que le temps de se retirer pour ne pas être débordée par l'anarchie.

Ce qui manque à la gauche dynastique, ce ne sont pas les bons sentiments, les généreuses intentions, c'est la volonté et la capacité. Elle n'a ni fixité dans les principes, ni logique dans la conduite. Elle prend des mots pour des idées, et des théories pour des faits. Elle proclame la souveraineté nationale, et, pour elle comme pour les doctrinaires, cette souveraineté n'est qu'une fiction. Elle veut la stabilité du gouvernement de juillet, et elle refuse à ce gouvernement les moyens de vivre. M. Royer-Collard a eu raison de dire, en parlant de M. Odilon-Barrot : « Je vous connais bien ; il y a cinquante ans, vous vous nommiez Pétion. » La gauche dynastique et les Girondins ont plus d'un point de ressemblance.

M. Odilon-Barrot et ses amis, se substituant dans le cabinet ministériel aux doctrinaires, ou conduiraient le gouvernement à sa ruine, ou ne tarderaient pas à être évincés de nouveau par des rivaux qui ont sur eux l'avantage du talent et de la pratique du pouvoir.

M. Odilon-Barrot se réunissant aux doctrinaires, en prenant M. Thiers pour trait d'union, ou serait obligé bientôt de se retirer pour rester fidèle à ses sentiments libéraux, ou se laisserait absorber peu-à-peu dans les centres. On aurait tué, dans ce dernier cas, la gauche dynastique pour renforcer la gauche radicale.

Tout changement de ministère serait donc infructueux. Les modifications qu'on propose de faire subir au système seraient également stériles.

On parle d'exclure les fonctionnaires de la Chambre dans le but de rendre au pouvoir parlementaire son indépendance et de relever son autorité morale dans le pays. Vain palliatif ! Obtenez l'interdiction que vous demandez, et le gouvernement, pour assurer sa majorité, favorisera dans les élections tous les candidats besogneux ou désireux de parvenir. Aux fonctionnaires en place succéderont sur les bancs de la Chambre les fonctionnaires en perspective. La carrière parlementaire deviendra une espèce de surnumérariat pour les fonctions de préfet, sous-préfet, directeurs, inspecteurs, etc. La dignité du pouvoir législatif sera plus abaissée que jamais.

Comme remède au mal, on propose encore l'adjonction de ce qu'on nomme les capacités. Autre illusion ! autre palliatif impuissant ! Sans parler de la difficulté de classer ces capacités, ne voit-on pas du premier coup d'œil que loin de paralyser la corruption, cette prétendue réforme ne ferait qu'élargir et aggraver la plaie honteuse dont gémissent le budget et la morale. Où se trouvent les gens avides de places, pressés de faire fortune, disposés à se laisser gagner par les faveurs, si ce n'est dans cette foule de bacheliers, de licenciés, de demi-orateurs, de demi-savants qu'on décore du nom de capacités ? Donnez leur une part à la curée du monopole, et vous ajouterez à la démoralisation politique qui nous envahit, vous hâterez la dilapidation de nos finances, vous abrégerez la distance qui nous sépare d'une banqueroute. Et le jour où les moyens de corruption vous manqueront, le jour où vous n'aurez plus de pàture à jeter à toutes ces ambitions, ce jour-là vous aurez contre vous le déchaînement de toutes les passions de la portion la plus remuante et la plus turbulente de la société.

Maintenant, qu'on élargisse le cercle du privilége encore davantage, qu'on établisse le système électoral sur des bases capables de produire une assemblée indépendante de l'action du pouvoir, qu'arrivera-t-il? Le parti doctrinaire, dans la voie où il marche et qu'il est obligé de poursuivre fatalement, ne vivra pas six mois. Nous l'avons vu, en effet, dans une Chambre qu'il domine au moyen de 180 fonctionnaires publics, obtenir à peine quinze voix de majorité sur des questions touchant en quelque sorte au principe même de la dynastie.

L'existence du régime doctrinaire est tellement en contradiction avec tous les intérêts, tous les sentiments de la France, qu'il ne peut se soutenir que par la corruption, l'intrigue et l'immobilisme.

Le système est fatalement enchaîné à l'alliance anglaise. Cette attache, il l'a contractée, il l'a acceptée avec toutes ses conséquences, lorsque, mentant à son origine, comprimant l'élan révolutionnaire, il a ratifié les traités de 1815, dont la Restauration allait peut-être affranchir la France par ses négociations avec la Russie. Les traités de 1815 sont, avant tout, une œuvre anglaise. En entretenant des ferments de discorde perpétuels sur le continent, en nous rendant toute alliance impossible, en isolant et en affaiblissant la France, ils permettent à l'Angleterre de réaliser paisiblement ses plans de conquête et de monopole. Que la France veuille s'immiscer dans une seule grande question européenne, qu'elle manifeste la prétention d'exercer la moindre influence dans les affaires d'Orient ou d'Espagne, voici aussitôt la question des traités de 1815 qui surgit, une conflagration européenne qui devient imminente. Le gouvernement se trouve ainsi constamment placé entre la menace d'une guerre générale avec l'Europe et un *statu quo* honteux, acheté au prix des sacrifices les plus onéreux pour l'intérêt et l'honneur de notre pays. C'est pour conserver ce *statu quo*, pour l'imposer à la France, qu'il a été obligé de se retrancher dans le monopole, de réagir contre les idées libérales, de museler la presse au moyen du code de septembre, de faire construire les bastilles, de recourir enfin à toutes les extrémités déplorables qui ont excité contre lui tant de répulsions. La politique ruineuse dans laquelle il est engagé n'est point, chez lui, le fait d'une erreur, d'un mauvais jugement, d'une fausse appréciation des affaires, elle est pour lui une nécessité.

Une modification de système n'est donc pas possible. Il faut un changement de système, un changement de situation.

§ III

La gauche radicale pourrait-elle donner satisfaction à la
France? La gauche radicale pourrait-elle réaliser dans notre société la conciliation de l'ordre et de la liberté?

Nous ne serons point injustes envers ce parti. Nous n'at-
tribuerons pas à la masse des hommes qui le composent la
pensée de renouveler l'œuvre de 93. Nous ne confondrons
pas les républicains de notre époque avec les républicains
de la Convention. Autres circonstances, autres mœurs,
autres idées! Nous n'imiterons pas non plus ces esprits étroits
et à courte vue qui rejettent la république au nombre des
utopies. Non, la république n'est pas une utopie. Elle existe
aux Etats-Unis, et, quoiqu'on prétende, elle s'y maintien-
dra. Elle peut encore convenir à d'autres états ; mais rêver
son application à la France, c'est une erreur contre laquelle
proteste l'intelligence de la grande majorité de notre nation.

La France est monarchique par tempérament, par nature,
par nécessité. Nos mœurs, nos habitudes, notre esprit politique, notre caractère national, tout chez nous s'oppose à
une constitution républicaine. Nous sommes trop vifs, trop
ardents, trop inconstants, trop inconséquents même,

pour pouvoir nous passer du principe d'ordre et de stabilité que nous offre la royauté. Subordonner les destinées de la France à la volonté, aux caprices d'une assemblée populaire, ce serait jeter notre société dans des luttes et des désordres sans issue, favoriser tous les calculs des factions, préparer les voies au retour du despotisme, et nous livrer, par nos divisions et l'affaiblissement qui en résulterait, au danger de l'invasion étrangère. Mettre sans cesse en question le pouvoir exécutif par une élection périodique, ce serait amener la reproduction de l'anomalie dont nous avons été victimes pendant le règne de la grande tourmente révolutionnaire, ce serait placer de nouveau la France sous la tyrannie de la capitale : Paris, ce centre immense, ce foyer de tant d'ambitions, cette ville où viennent se porter tant d'esprits aventureux, entreprenants, audacieux, turbulents, ce vaste abri de tant d'intrigues, de tant de passions, de tant de misères physiques et morales, Paris exercerait une influence souveraine sur tous les choix, sur tous les actes importants de la représentation nationale. Ce ne serait pas même l'omnipotence d'une assemblée populaire que nous subirions, ce serait l'omnipotence de la commune de Paris, comme à l'époque orageuse de la grande révolution.

La France a une trop puissante action sur le monde, et le prosélytisme est trop le caractère des idées radicales, pour que nous puissions arborer le drapeau républicain sans susciter contre nous une coalition de toute l'Europe. Or, une guerre générale, une guerre longue, opiniâtre, nécessitant une armée immense, se prolongeant pendant des années, une pareille guerre porterait en elle la ruine du gouvernement républicain. Elle ferait surgir des généraux qui, par leur prestige, par leur popularité, domineraient les pouvoirs établis. Elle ouvrirait le chemin à la dictature militaire d'un autre Bonaparte.

La France a besoin de la monarchie héréditaire pour sa liberté et sa sécurité à l'intérieur, pour sa grandeur et son indépendance à l'extérieur. Avec un gouvernement qui se renouvellerait tous les trois ou cinq ans, elle risquerait de voir les étrangers pénétrer, avec l'or et l'intrigue, dans le cœur de ses institutions. On sait comment les ministres du Directoire trafiquaient de nos intérêts. L'Angleterre et l'Autriche voudraient influer sur l'élection de nos consuls ou de notre président, et selon toutes les probabilités elles n'y réussiraient que trop souvent.

Ainsi l'anarchie, le despotisme ou l'asservissement de notre pays à l'étranger, telles sont les diverses conséquences qu'entraînerait le triomphe des idées républicaines en France.

D'un autre côté, les radicaux n'ont aucun plan arrêté, aucun système bien défini, aucune unité dans les vues. Et la France est lasse de courir les expériences et de marcher sur le terrain des innovations; elle est devenue prudente et méfiante à l'excès.

Le parti républicain ne peut donc lui offrir le port qu'elle cherche contre les écueils et les tempêtes, au milieu desquels notre société erre depuis cinquante ans.

§ IV.

Il est évident que le principe monarchique seul ne suffit pas à la garantie de l'ordre ; les événements l'ont assez clairement démontré. Il est évident également que l'ancien régime a fait son temps, que la résurrection des vieux priviléges de cours, des vieilles distinctions de caste, que la réédification d'un passé incompatible avec les besoins, les progrès et les lumières de notre époque, que tout cela n'est plus possible ; les royalistes en ont conscience comme tout le monde.

Nous le reconnaissons, il est peut-être encore parmi eux des hommes qui portent avec regret les yeux en arrière ; qui voudraient prouver que la jument de Rolland, morte et enterrée, était excellente ; qui, dans leur honnête illusion, regardent tranquillement couler le fleuve du temps, attendant qu'il s'arrête pour en remonter le cours. Mais s'il existe encore de ces hommes, on avouera que leur nombre est heureusement fort rare.

La grande majorité des royalistes comprend notre époque, marche avec l'esprit du siècle, rejette et condamne les abus de l'ancien régime, invoque les principes d'égalité politique en faveur desquels s'est accompli le mouvement national de 89, et voit dans le respect de ces principes une condition essentielle de la stabilité du trône. Dans la presse et dans les Chambres, les royalistes se rallient aujourd'hui autour du même symbole. Il ne peut rester le moindre doute sur cette unanimité, après les paroles prononcées à Belgrave-Square, paroles qui ont été recueillies par la France et l'Europe entière.

Monarchie indépendante et liberté indépendante, voilà le programme de la droite. Monarchie indépendante de l'octroi populaire et liberté indépendante de l'octroi royal, monarchie fondée sur le droit héréditaire et liberté fondée sur une représentation générale de la France, voilà ce que veulent, voilà ce que demandent les royalistes.

Ces principes sont ceux qui ont été proclamés il y a cinquante ans par six millions de Français, comme le témoignent les cahiers des Etats-Généraux. Ces principes sont la base de la constitution française depuis l'origine de notre société. La maxime, *lex fit consensu populi et constitutione regis*, a gouverné la France dès la première race ; elle est inscrite en tête de tous les Capitulaires de la seconde race ; elle triomphe de l'usurpation féodale qui, pendant deux siècles, plonge la France dans les ténèbres de la barbarie ; le mouvement de 89 n'a d'autre but que de la relever des coups qui lui avaient été portés par l'omnipotence ministérielle de Richelieu et de ses successeurs. L'histoire des Champs-de-Mars, des Champs-de-Mai et des Etats-Généraux, prouve que le droit de la nation de voter l'impôt et de consentir la loi a toujours été reconnu en France, et qu'il n'a été altéré et suspendu que par le malheur des temps et la force des événements. Enfin, si aujourd'hui les royalistes

2

invoquent le principe d'une représentation nationale, ce n'est point une opinion de circonstance qu'ils expriment, ce n'est point de leur part affaire de calcul ou de tactique. Remontez à cinquante ans : quels sont les hommes qui se signalent à la tête du mouvement de 89? Les royalistes. Remontez aux premières années de la Restauration, à l'époque de la discussion de la loi d'élection : quels sont les hommes qui protestent au nom du droit commun contre le monopole soutenu par les doctrinaires? Les royalistes. Oui, les idées pour lesquelles nous voyons les royalistes combattre aujourd'hui, les royalistes les ont proclamées en 1789 et les ont encore défendues en 1817. L'histoire de la Révolution et le *Moniteur* sont là pour témoigner de notre bonne foi et répondre à nos détracteurs.

On oppose à la droite le souvenir de la Restauration. Rien n'est plus injuste que de faire peser la responsabilité de la chute de ce gouvernement sur le parti royaliste. C'est l'octroi de la Charte qui a conduit la Restauration à sa perte, et cet octroi n'a pas été l'œuvre des royalistes, mais de M. de Talleyrand et des doctrinaires. Les doctrinaires étaient les instruments de l'Angleterre, ils étaient les successeurs du parti qui, en 1792, avait envoyé Talleyrand de l'autre côté de la Manche pour s'entendre avec les clubs et le cabinet anglais, dans le but de placer la couronne sur la tête du duc d'Orléans ; sous l'Empire, l'ancien évêque d'Autun avait été chassé du ministère des affaires étrangères par Napoléon, qu'il cherchait à contrecarrer dans ses projets contre notre éternelle ennemie. L'accord de celle-ci et des doctrinaires datait donc de loin. L'Angleterre avait à cœur d'assurer le maintien des traités de 1815. Elle se défiait des

Bourbons; il fallait leur lier les mains, ou du moins gêner autant que possible leur action; ce fut à cet effet que les doctrinaires conseillèrent l'octroi de la Charte et constituèrent le monopole électoral, deux énormités politiques, qui mettaient la Restauration dans une position fausse, entourée de difficultés et de dangers. Ce fut un véritable piége tendu à la royauté; et celui qui en douterait n'aurait qu'à lire le *Constitutionnel* de la Restauration, où M. Thiers écrivait que la Charte était une impasse dans laquelle on devait acculer le pouvoir, pour qu'il se cassât le cou dans une fosse qu'on appelait l'article 14. Les fautes, les erreurs et les préjugés de quelques hommes, qui ne formaient qu'une mince minorité dans le parti royaliste, achevèrent de perdre la Restauration, en fournissant des armes à ses adversaires et en alarmant l'opinion publique sur l'avenir de la liberté.

Aujourd'hui, les doctrinaires sont démasqués; ils ne referaient plus l'ouvrage de Talleyrand. Et la fraction de la droite, qui dirigeait les affaires en 1830, a disparu de la scène politique. Les causes qui ont amené la chute de la Restauration n'existent donc plus, et les mêmes faits ne peuvent plus se reproduire.

Les hommes qui aujourd'hui représentent la droite, qui marchent à la tête du parti royaliste, appartiennent tous à la nouvelle France. Ils sont innocents des fautes du passé; ils sont étrangers à tous les vieux préjugés, à toutes les vieilles préventions, entièrement dégagés de ces passions de parti qui ont pu aveugler la Restauration et l'entraîner à des actes d'une mauvaise politique. Le petit fils de Louis XIV sortait à peine du berceau au moment de la catastrophe de

1830; il s'est montré à la France s'appuyant sur le génie de M. de Chateaubriand. M. de Larochejaquelein, le fils et le neveu des héros de la Vendée, a refusé, en 1832, de prendre part à la tentative de guerre civile qui avait été concertée pour soutenir la cause de madame la duchesse de Berry. M. le duc de Doudeauville ne conserve du passé que la chevaleresque loyauté. Qu'on nous cite un homme qui ait donné depuis quatorze ans plus de gages de son amour pour la liberté que M. de Genoude. Sera-ce maintenant le duc de Valmy, le petit fils de Kellermann, qui méconnaîtra les glorieux souvenirs de nos guerres révolutionnaires? Sera-ce M. Berryer qui tentera de rétablir le droit d'aînesse et les priviléges de l'aristocratie? Sera-ce enfin l'immortel chantre des *Martyrs*, qui travaillera à faire rétrograder la civilisation?

Que devient aujourd'hui la prévention qui a le plus contribué à dépopulariser la Restauration, que devient cette fameuse accusation d'être le parti de l'étranger, quand on voit le principal organe de la droite, la *Gazette de France*, proscrit en Prusse, en Autriche et en Russie, et qu'O'Connell, l'apôtre de la liberté des peuples, proclame hautement, avec toute l'Irlande, ses sympathies pour les royalistes ?

Nous plaignons les adversaires de la droite, qui pour la combattre recourent aux armes usées de l'opposition de quinze ans. C'est un triste rôle que d'en être réduit à calomnier une opinion qu'on redoute, et ceux qui donnent ce spectacle avouent d'une bien triste façon leur faiblesse.

Nous nous adresserons à tous les hommes d'intelligence et de bonne foi, et nous leur demanderons si les idées, si les sentiments des royalistes ne sont pas conformes à tout ce que nous venons d'en dire ; si, en un mot, la position actuelle de ce parti n'est pas telle que nous venons de la tracer rapidement. Ceci admis, les royalistes pourraient-ils, dans le cas où les circonstances les appelleraient de nouveau au pouvoir, répondre aux vœux de la France et réaliser le problème politique dont notre pays cherche en vain depuis cinquante ans la solution ?

Les avantages d'une monarchie héréditaire, s'appuyant de la consécration du temps, ces avantages n'ont pas besoin d'être démontrés ; il sont constants aux yeux de nos adversaires aussi bien qu'aux nôtres. Il n'est peut-être pas un seul des hommes qui ont été aux affaires depuis 1830 qui n'ait rendu hommage au principe de la légitimité. Rien ne nous serait plus facile que de citer ici des témoignages extraits des discours ou des écrits de MM. Talleyrand, Royer-Collard, Pasquier, Decazes, Guizot, etc. Tous ces hommes, tous les partisans du gouvernement actuel, ont compris et comprennent encore que les atteintes portées au principe héréditaire ont ébranlé la base même de notre ordre social. Supposons que la Restauration n'eût pas commis les fautes qui l'ont perdue ; qu'elle n'eût pas manifesté les tendances rétrogrades, les prétentions exclusives qui lui ont été reprochées ; supposons que le principe monarchique se fût montré, à cette époque, dégagé de l'esprit de parti qui trop souvent l'a dominé, des préjugés de caste qui l'environnaient, guéri de toutes les erreurs du passé, suivant franchement le mouvement du siècle, tel enfin que le conçoivent aujourd'hui les royalistes, eh bien ! qui oserait soutenir que tout ce parti qu'on nomme *dynastique* n'aurait pas été inébranlablement attaché à la stabilité du trône des Bourbons? Personne assurément.

D'un autre côté, voyons sur quoi repose l'existence du parti républicain. Où cette opinion a-t-elle pris son origine? C'est le spectacle de la liberté succombant trois fois sous la forme monarchique, qui seul l'a fait naître, ou qui du moins lui a produit des partisans. Mounier, dans son ouvrage sur les *Causes qui ont empêché les Français de devenir libres*, démontre de la manière la plus positive qu'à l'époque de la réunion de l'Assemblée Constituante il n'y avait pas vingt députés qui fussent hostiles à la royauté. En 1830 encore, le radicalisme comptait un bien petit nombre d'adhérents. Demandez aujourd'hui aux républicains ce qu'ils veulent; ils vous répondront que c'est une représentation nationale, fondée sur le droit commun. C'est là la base de leur système politique; la forme de gouvernement n'est qu'une question secondaire. Eh bien! les royalistes réclament, comme les républicains, le vote universel; ils demandent, comme eux, une assemblée nationale; *tout pour la France et par la France*, telle est la maxime qui a été proclamée à Rome et à Londres comme à Goritz. Ces faits posés, nous trompons-nous en pensant que la monarchie héréditaire, sanctionnée par le vœu national, établie à côté d'une liberté garantie par une représentation vraie et sincère du pays, rallierait à elle, nous ne disons pas tous les républicains, mais la grande majorité de ce parti? Non certainement.

La droite se trouve donc sur un terrain où pourrait s'opérer l'union de tous les partis. Elle porte seule les principes capables de réaliser la conciliation de l'ordre et de la liberté, qui est le but de tous les efforts de la France depuis un demi-siècle.

§ V.

La France est en voie de décadence politique ; elle marche, d'une autre part, à une catastrophe financière : ce sont deux faits évidents à tous les yeux. Nous soutenons que le triomphe des principes de la droite peut seul sauver notre pays de ce double péril et réparer le mal que le système doctrinaire lui a fait.

Etablissons d'abord un parallèle rapide entre les résultats de la Restauration et ceux du gouvernement actuel. Nous avons exprimé plus haut notre opinion sur le premier de ces régimes. A Dieu ne plaise que nous souhaitions à notre pays le retour du droit d'octroi, du monopole à 300 fr., de la pairie héréditaire, des petits et des grands colléges, de tout ce système bâtard qui plaçait le gouvernement dans la Chambre et les coups d'Etat dans l'article 14. Cependant, il est impossible de ne pas être frappé de la supériorité des résultats obtenus par le gouvernement de cette époque, en dépit de la fausse position où l'avaient poussé les événements et les fautes de ses ministres. Après avoir laissé parler les faits, nous exposerons les causes.

La Restauration trouve la France affaiblie par vingt-cinq années de guerre, épuisée d'hommes, épuisée de ressources, livrée à l'invasion étrangère. Le lendemain de son avénement, on la voit refuser énergiquement à l'Angleterre le droit de visite. Sous le ministère Villèle, elle intervient en Espagne, malgré les menaces de l'Angleterre ; elle rétablit l'œuvre de Louis XIV en s'assurant un allié de l'autre côté des Pyrénées. Elle vient au secours des Hellènes ; on sait le rôle qu'elle exerce dans la question turco-russe par son attitude courageuse vis-à-vis de l'Autriche et de l'Angleterre. Malgré l'Angleterre, elle entreprend et achève la conquête d'Alger. Enfin, elle songe à recouvrer à la France la frontière du Rhin ; elle entame à ce sujet des négociations actives avec la Russie, et cette grande pensée elle va peut-être l'exécuter sans tirer même l'épée, quand elle tombe sous les coups de l'insurrection de 1830.

Financièrement, son action n'est pas moins heureuse, moins féconde, moins surprenante. Elle trouve la France sous le fardeau d'un passif qui effraie l'imagination. Un arriéré de plus de 600 millions ; 700 millions de contributions de guerre ; les frais d'occupation d'une armée de cent cinquante mille hommes pendant cinq ans ; un milliard 600 millions réclamés à titre d'indemnité par des sujets des diverses puissances ; tel était, le 1er janvier 1816, le bilan des dépenses extraordinaires auxquelles il fallait subvenir. Pour comble de détresse, l'année 1816 fut marquée par une disette qui vint s'ajouter à toutes les calamités dont une guerre ruineuse et deux invasions avaient accablé la France. Par des représentations énergiques aux puissances étrangères, par des combinaisons habiles, par de sages économies, la Restauration parvient à réduire son passif et à solder le formidable arriéré que l'Empire lui avait laissé. Elle marche avec un budget annuel qui ne s'élève pas à un millard, et malgré toutes les difficultés, toutes les entraves qui l'avaient gênée pendant quinze ans, malgré le milliard payé aux émigrés, malgré tous les sacrifices sous lesquels elle avait été obligée de courber la tête, elle laisse à sa chute la France à un degré de propérité que personne ne peut contester.

Le gouvernement de juillet trouve la France relevée de ses désastres, redoutée au-dehors, grande, riche, puissante. On le voit signer les traités du droit de visite en 1831 et 1833; sacrifier l'intérêt français dans la question belge; rester les bras croisés en face du meurtre de la Pologne; reculer honteusement dans l'affaire d'Orient; chercher à rentrer dans les bonnes grâces du cabinet de Londres et s'incliner de nouveau devant les traités du droit de visite, après avoir été joué, mystifié, souffleté à la face de l'Europe par la politique anglaise. Enfin, la France est isolée, sans alliance dans le monde, sans influence en Espagne, en Portugal, en Orient; réduite, comme l'a dit un écrivain dont on ne contestera pas le dévouement au système actuel (M. de Girardin), réduite à *n'être plus que le premier des Etats secondaires.*

Au point de vue financier, tout est en rapport avec le reste de la situation. Le gouvernement de juillet a eu le talent de dépenser, depuis quatorze ans, environ trois milliards de plus que la Restauration, et son budget annuel s'élève aujourd'hui à plus de 1,500 millions, ce qui le porte à un demi-milliard au-dessus du budget que la France payait sous le régime précédent.

Ce parallèle paraîtra à tout le monde suffisamment clair et significatif. Maintenant est-ce aux hommes qu'il faut attribuer la différence des résultats obtenus sous la Restauration et le gouvernement de juillet? Nous ne le pensons pas.

Le système doctrinaire pèche par défaut de force. Il a le malheur de n'avoir ni le prestige d'une autorité séculaire, ni la sanction d'une élection véritablement nationale. Fondé par deux cents et quelques députés, nommés par les censitaires à 300 fr. et agissant au milieu du trouble d'une révolution, il s'appuie sur un *pays légal* qui représente à peine la quarantième partie des contribuables. Comment, avec une base aussi fragile, aurait-il la fermeté, la résolution, le courage qu'exige l'action d'un gouvernement placé à la tête d'une grande nation comme la France? Nous avons montré plus haut que le vice de la situation actuelle, à l'extérieur, est dans les traités de 1815 qui, en affaiblissant la France, en l'isolant au milieu des puissances continentales, favorisent la politique anglaise et lient les mains à la nôtre. Le gouvernement pouvait-il, en 1830, laisser à la révolution son cours et se lancer dans les hasards d'une guerre européenne? Non; il risquait d'être emporté par la tempête. Peut-il espérer jamais arriver à la révision des traités de 1815 par les voies diplomatiques? Non; car la Russie lui est irrévocablement hostile et l'Angleterre se suiciderait en consentant à ce remaniement. Les traités de 1815 ont donc une triple garantie dans l'inimitié de la Russie, dans l'intérêt de l'Angleterre et dans la faiblesse du système. Le gouvernement de juillet est obligé fatalement de subir leur influence, qui est manifeste dans toute la politique suivie depuis quatorze ans. Nous le disons hardiment, quels qu'eussent été les hommes qui ont été au pouvoir depuis 1830, ils n'auraient pu agir autrement qu'on a fait, en se conformant aux conseils de la prudence et en consultant l'intérêt dynastique. Le gouvernement, en réunissant la Belgique à la France, jetait le dé, et toute l'Europe se trouvait contre lui. En intervenant en Pologne, il pouvait bien avoir avec lui l'Angleterre; mais de deux choses l'une: ou il aurait profité de l'occasion pour revendiquer nos frontières naturelles, et en ce cas l'Angleterre se tournait contre lui; ou il se contentait de l'intervention, et en ce cas il donnait un nouvel aliment à l'hostilité des puissances du Nord, et fortifiait, par là même, l'insolente et ambitieuse prépondérance que l'Angleterre exerce sur nous. En Espagne, en Portugal, en Orient, partout la question est posée à peu près dans les mêmes termes. Le système d'inaction, de génuflexion, de laisser-faire et de laisser-aller, d'abaissement continu, ce système est une loi fatale devant laquelle le régime doctrinaire est forcé de se courber.

Comment s'étonner qu'avec une pareille situation politique la France ait perdu sa prospérité intérieure? Comment, alors que pour marcher sous la nécessité d'un tel système, pour soutenir son existence faible, éphémère, artificielle, le pouvoir est obligé de s'étayer sur un parlement corrompu et de chercher son avenir dans la construction de forteresses monstrueuses, comment, dis-je, les finances du pays pourraient-elles avoir leur assiette régulière et normale? Comment l'industrie pourrait-elle fleurir, quand tous les débouchés extérieurs lui sont fermés, quand notre pavillon n'est plus respecté nulle part, quand notre puissance maritime est à son agonie? Comment surtout un gouvernement qui inspire aussi peu de confiance, qui a aussi peu de force, pourrait-il trouver du crédit dans un moment de crise pour subvenir à des dépenses extraordinaires?

Notre ruine financière et la ruine de notre commerce sont donc les conséquences naturelles, infaillibles de notre dé-

cadence politique et des conditions déplorables dans lesquelles est placé le pouvoir doctrinaire.

Les principes que représente la droite changent immédia-
tement la face des choses. Appuyée sur une représentation
nationale, la royauté puise une double force dans son accord avec la nation et dans l'autorité que lui donne le droit
héréditaire. Le pouvoir, reposant sur des fondements soli-
des, n'ayant pas à lutter contre les mêmes obstacles à l'intérieur, contre les mêmes préventions à l'extérieur, recou-
vre sa liberté d'action, son indépendance, et la dignité
morale qui lui est si nécessaire dans ses relations avec l'é-
tranger. Il peut, s'il le faut, tirer l'épée et affronter l'Europe
tout entière, sans avoir à craindre de chanceler sur sa base
pendant la mêlée ; il peut rendre à la France sa grande position dans le monde, sans recourir à cette extrémité. Les
traités de 1815 cessent de peser aussi lourdement sur nos destinées ; la difficulté d'une situation diminue en proportion de
la puissance de celui qui la supporte. Antipathiques par nature à l'Angleterre, les principes de la droite, qui replacent
la France sur son véritable terrain et la rendent à ses véritables sentiments, nous dégagent nécessairement d'une alliance qui n'est pour nous qu'une source d'humiliation et
de sacrifices. L'intérêt de la Russie, dans la question d'O-
rient, la porte vers nous, dès l'instant où nous ne subissons
plus les chaînes de l'influence anglaise, et par là la révision
de l'œuvre du congrès de Vienne devient de nouveau possible, au moyen d'un remaniement européen. La France, re-
couvrant ainsi par la vertu et l'efficacité des principes de sa
constitution, le rang qui lui appartient à la tête des nations,
il est évident que sa prospérité intérieure ne tardera pas à

renaître. Respectée au-dehors, tirée de son isolement, re-
prenant son action dans les questions internationales, elle
retrouve des débouchés pour son industrie. Forte au-dedans,
établie dans des conditions de stabilité, le crédit de l'Etat
est assuré, la confiance publique reparaît ; l'impôt, au lieu
de s'engouffrer dans les abîmes de la corruption et dans des
travaux gigantesques sans utilité nationale, contribue au
bien-être général et rentre dans des limites équitables. A
une politique de décadence et de ruine succède une politique d'ordre, de sécurité et de progrès.

§ VI.

Dieu seul a le secret de l'avenir; lui seul connaît les destinées futures de la France. Nous n'avons pas la prétention de nous poser en prophète politique. Nous avons exprimé notre opinion sur des faits. Nous ne tirons aucune conclusion. Que le ciel nous en garde! Nous laissons à chacun le soin d'apprécier la situation que nous venons d'exposer, et d'examiner quelle en est la solution la plus logique et la plus rationnelle.

Depuis cinquante ans la France est livrée aux révolutions. Elle a beaucoup souffert et beaucoup appris. L'ancien régime a disparu; le nouveau n'existe pas encore. Il se trouve écrit dans les immortels cahiers des Etats-Généraux de 1789; mais à cette époque il était peut-être à la fois trop tard et trop tôt pour le réaliser. Il avait contre lui trois partis : la vieille cour avec ses préjugés, le Palais-Royal avec son or et ses intrigues, l'école philosophique avec ses utopies. Que reste-t-il de la vieille cour? que reste-t-il du Palais-Royal? que reste-t-il de l'école philosophique? Toutes les illusions sont tombées; toutes les erreurs qui entravèrent, en 1789, le mouvement national, ont été condamnées par les événements. La Providence a voulu que toutes les théories spécieuses, toutes les opinions erronées, tous les programmes menteurs, toutes les prétentions ambitieuses, fussent mis à l'épreuve. Depuis un demi siècle la France a subi un long système d'expérimentation; on a vu se produire tour-à-tour les idées anglaises et les idées américaines, les idées d'octroi et les idées d'absolutisme, le monopole de 300 fr. et le monopole de 200 fr., le gouvernement des masses et le gouvernement de la bourgeoisie. La France a reconnu que rien de tout cela ne pouvait faire son bonheur. Aujourd'hui l'expérience est complète; elle a fait justice et des tentatives de l'ancien régime, et des intrigues du Palais-Royal, et des utopies de l'école philosophique.

Les conséquences de la république ont prouvé la nécessité de la monarchie; les conséquences du monopole électoral ont prouvé la nécessité du droit commun. Enfin, une longue suite de déceptions cruelles a prouvé que c'est dans les principes qu'il faut chercher notre salut, et non dans les hommes, quelqu'élevés que soient leurs sentiments et quelque généreuses que soient leurs intentions.

Si la France recule encore devant le port où elle doit trouver le calme et le bonheur après tant d'orages et d'agitations, c'est qu'elle est arrêtée par des préventions et des défiances que le passé n'a que trop souvent justifiées. Il s'agit de la rassurer en l'éclairant, en faisant briller le flambeau de la vérité à ses yeux.

Nous le répétons, tous les hommes sensés aujourd'hui protestent contre la pensée de recourir à la violence pour changer notre situation. Il ne peut rien sortir de bon du désordre ; c'est dans les voies régulières , dans le travail pacifique de la raison générale qu'il faut chercher une issue à nos maux. La souveraineté nationale est le seul terrain d'action des partis. Méconnue et violée en fait par le système actuel, elle est cependant le principe en vertu duquel celui-ci prétend exister. Que les hommes qui n'ont rien à gagner à maintenir la fiction de ce principe travaillent à l'amener à sa réalité pour que la nation puisse enfin se prononcer par la voix de ses véritables représentants. Le pays est le juge le plus compétent de ses besoins et de ses intérêts ; il en est en même temps le plus impartial. Il n'a pas l'espoir de devenir ministre , ou sous-secrétaire d'état, ou préfet, sous tel régime plutôt que sous tel autre. Il ne voit point de questions de coteries et de personnes dans les combinaisons des partis ; il y voit ce qui peut lui être utile ou nuisible. Tâchons donc de lui montrer la vérité, de dissiper les nuages qui l'obscurcissent encore à ses regards. Et soyez sûrs que le jour où il l'aura aperçue, besoin ne sera ni de l'éloquence de **M.** Berryer, ni de la plume de **M.** de Châteaubriand, ni de l'épée d'un Larochejaquelein, ni de l'appel d'un prince ; il se chargera lui-même de son salut.

FIN.

Paris. — Imprimerie de SAPIA, rue du Doyenné, 12.

www.ingramcontent.com/pod-product-compliance
Lightning Source LLC
Chambersburg PA
CBHW061351050726
47595CB00005B/2187